▲「御城内御絵図」(彦根城博物館蔵)

彦根城を探検しよう!

国宝の天守があり、世界遺産の暫定リストにも載っている彦根城は、どんなお城なのでしょうか。みんなでいっしょに探検しましょう。

彦根城は、戦争で敵から攻められにくくするため、いろんな工夫をしています。自然の山を削って平らにし、まわりに石垣をめぐらせるとともに、溝（堀）を掘ったり、土を盛ったりして、攻められにくくしました。そして平らになった所には、天守や櫓など敵から守るための建物が建てられました。
　それでは、「いろは松」を通って、「佐和口」から彦根城に登ることにしましょう。

いろは松　地図P.3

　みなさんは「いろは歌」を知っていますか。
　　色はにほへど　散りぬるを　わが世たれぞ　常ならむ
　　有為の奥山　今日越えて　浅き夢見じ　酔ひもせず
　仮名を一度も重ねないで47字で作った古い歌です。かつて、ここには中堀にそって47本の松が植えられていたので「いろは松」と呼んでいますが、江戸時代には「松の下」と言いました。江戸（今の東京）から帰ってきた殿様（藩主）は、この「松の下」で家来（家臣）たちの出迎えを受けて、あいさつを交わす重要な場所でした。そのため、道幅が城下町でいちばん広くつくられていました。

▲いろは松

佐和口多聞櫓（重要文化財）　地図P.2～3

　櫓は城を守るための建物で、彦根城にはたくさんの櫓がつくられましたが、現在残っているのは4棟です。「佐和口多聞櫓」は、彦根城の中堀につくられた佐和口を守るための櫓です。佐和口の左側が重要文化財になっている江戸時代の櫓、右側の長い櫓は1960年（昭和35年）に日本の開国100年を記念して復元された「開国記念館」です。

▲佐和口多聞櫓を手前に天守を見上げる

　重要文化財の櫓を見ると、中堀側（外側）の壁は二重に塗って厚くしており、鉄砲狭間という四角や三角の穴があけられています。二重壁にして敵の攻撃をふせぎながら、鉄砲狭間から鉄砲で攻撃をしたのでしょう。鉄砲狭間は、ずいぶん低いところにあけられています。どのように鉄砲を撃ったのか、考えてみましょう。

　中堀の反対側（内側）は、外側とはずいぶん違っています。壁は普通だし、鉄砲狭間もありません。窓がないかわりに、入口がたくさんありますね。入口の下は石の階段になっています。石の階段を「雁木」といいます。敵が攻めてくると、守る兵隊は、この雁木をかけあがって近くの入口から櫓に入り、敵に攻撃を加えたのです。櫓には、敵が攻めにくく、味方が守りやすくする工夫がいろいろあるのがわかりますね。

　この櫓には、ほかの櫓にはない工夫が１つあります。建物の中の２か所が、厚い白壁と鉄板を張った黒い戸で仕切られています。佐和口多聞櫓は、江戸時代の中ごろに火事で焼けています。その後に建てなおした時、火事が燃え広がらないように防火壁にしたと考えられます。

▲二重壁

▲鉄砲狭間

▲防火壁

馬屋（重要文化財） 地図 P.3

　佐和口を入ると、右手に屋根を「柿板」という薄い板でふいた建物が見えてきます。ずいぶん細長い建物ですが、この建物が日本で彦根にしか残っていない「馬屋」です。馬屋の中は、馬をつないでおく仕切りが21あります。ここに21頭の馬がつながれていました。仕切りの柱には丸い金具が4か所にあり、この金具で馬をつないでいました。馬をつないだ床は板をしいていますが、その下は漆喰がすり鉢の形に塗られており、いちばん低いところに甕が置かれています。馬の尿などをためるための工夫です。

　この馬屋につながれた馬は殿様（藩主）たちが利用する馬で、「馬役」と呼ばれた人たちが、馬の世話をしたり、殿様の子どもたちに馬の乗り方を教えていました。

▲馬屋

▲馬屋の内部

▲丸い金具に馬をつなぎました

表門口 地図 P.2

　馬屋をすぎると、道の反対側に橋が見えます。彦根城の「表門口」にかかる橋です。まずは橋を渡ることにしましょう。橋を渡りきったところで下を見ると、大きく平らな石が埋められています。かつて、ここには「高麗門」という門があり、その門を支える礎石です。ここで右に折れてまわりを見ると、まわりは石垣の壁です。むかしは正面に2階建の櫓門、そのほかは石垣の上に塀や隅櫓がめぐっていましたから、今よりもっときゅうくつな感じがしたと思います。これが、お城の入口として最高に発達した形です。「枡形虎口」と呼び、お城の正面の入口につくられました。「枡形」はお米を計ったりするときに使う枡の形。周囲を石垣などにかこまれて、大きな枡の底にいるように思えることから枡形の名が生まれました。下の模型写真を見ると、その感じがよくわかると思います。そして「虎口」は、城の入口のこと。虎口は「小口」とも書き、狭い口という意味です。

　橋を渡って攻めてきた敵は、高麗門をやぶってやっとの思いで枡形虎口に侵入します。ところが、もう1つの門である櫓門が立ちはだかるため、それ以上進むことができず、枡形のなかでうろうろします。その時、周囲の櫓や塀からいっせいに攻撃を受けることになります。枡形虎口が、いかにすぐれた入口か、わかっていただけたでしょう。

▲表門口の「枡形虎口」の模型

Q 彦根城の内堀には入口がいくつあったのですか
　A 彦根城には、内堀に5つの入口（虎口）がありました。表門口と裏門口、大手口、黒門口、そして山崎口です。これらの虎口の中で、表門口と同じように枡形虎口となっている虎口がもう1つありました。大手口です。

Q 彦根城には枡形虎口がなぜ2つもあったのですか
　A 枡形虎口は、お城の正面の入口です。お城の正面が2つもあるのは、お城の正面が大手口から表門口へ、入れかわったからだと考えられています。お城をつくりはじめたころは大手口が正面でした。大手口は、安土城や八幡山城などをつなぐ「下街道」（巡礼街道）に向いていました。ところが江戸幕府によって中山道の整備が進むと、大手口は中山道に背中を向けてしまうことになりました。そこで、中山道に向いた表門口が新しくつくられたと考えられています。

登り石垣

　表門口には、めずらしい石垣があります。櫓門から鐘の丸の石垣に向かって、山を登っていく石垣です。「登り石垣」と呼んでいます。石垣の高さは1メートルから2メートルほどですが、江戸時代には、この上に塀がつくられていました。

　彦根城には、同じような登り石垣が5か所につくられています。城内に入った敵が山の中を自由に動けないようにするためつくられたと考えられます。

　日本では、伊予松山城（愛媛県松山市）と洲本城（兵庫県洲本市）にしか見ることのできない、めずらしい石垣です。

大手口

お城豆知識

Q 登り石垣のルーツはわかっているのですか
A 豊臣秀吉が朝鮮半島を攻めたとき、秀吉軍がつくった「倭城」がルーツではないかと考えられています。秀吉軍は朝鮮半島の各地に港をつくり、その後ろの山に倭城をかまえましたが、そのとき、港と倭城をいっしょに守るためにつくったのが登り石垣でした。

Q なぜ彦根城に登り石垣がつくられたのですか
A 井伊家は豊臣秀吉の朝鮮半島攻めに加わっていません。ただ、彦根城の城づくりは、徳川幕府によって行われ、ほかの大名がたくさん手伝いにやってきています。その中に朝鮮半島で登り石垣をつくった人たちがいたのかもしれません。

大堀切

　表門を入って山道をどんどん登っていくと、両側に石垣がせまってきます。右の石垣が天秤櫓の石垣、左は鐘の丸につづく石垣です。まるで谷の底にいるような感じ。ここが「大堀切」といわれる場所です。彦根山は、山の尾根が南から北へ、まるで馬の背中のように長くのびているのですが、ここでその尾根を大きく割って、水のない空堀をつくっているのです。それを大堀切といいます。両側の石垣をとりはずしたら、山の岩が出てくると思います。当時としては大工事だったはずです。

　どうして、このようなことをしたのでしょう。見上げると橋がかかっていますが、もし橋がなかったらどうしますか。石垣を登らないと天秤櫓や鐘の丸に行くことができません。こまったなと思って立ち止まっていると、天秤櫓や石垣の上から、鉄砲や弓矢などで攻撃を受けます。大堀切は、敵の侵入をここで止めるためにつくられました。

　大堀切は、ここ以外にもう1つつくられています。西の丸三重櫓の外側にありますので、後で見に行くことにしましょう。

▲大堀切の場所

▲大堀切の形

ここで、石垣について少し勉強することにしましょう。まず、天秤櫓の下の石垣からはじめましょう。天秤櫓の石垣の右側と左側をよく見くらべてください。そうですね、右側と左側で、石の形も、石の積み方もちがっています。右側の石垣は、石を少し割っていますが、まだ自然の石の感じが残っています。左側の石垣は、石の自然面をすべて割った切石になっています。

▲天秤櫓下の「牛蒡積み」と「落し積み」

　つぎに石の積み方を見ると、右側の石垣は、石の大きい方を奥になるように積み上げており、そのためにすき間ができた石垣の表に、小さな石をつめています。長めの石を埋めるように用いることが多いことから、野菜の牛蒡に見立てて「牛蒡積み」とも呼んでいます。彦根城がつくられた400年前の石垣です。

　それに対して左側の石垣は、切石を谷になったところへ落とすように積んでおり、「落し積み」と呼んでいます。160年ほど前の江戸時代の終わりころに、積みなおされた石垣です。石の形や積み方が、時代によって変化していることがわかります。

　もう1つ、石垣のことを勉強しましょう。今度は、天秤櫓の反対側、鐘の丸側の石垣です。石垣の隅に立って石垣を見てください。隅の石を下から上へ順番に見ていくと、何か気がつきませんか。長い石の長い面と短い面を交互に積み上げていますね。石垣の工事でいちばんむずかしく、また石垣全体の傾きを決めるのが石垣の隅ですが、彦根城の石垣の隅は、ほとんどこの積み方になっています。

　これを「算木積み」といいます。日本の算数で用いた計算の道具である算木に似ていることから、そのように呼ばれるようになりました。このあたりの石垣は、越前（現在の福井県）の石工が積んだという記録があります。

▲鐘の丸石垣隅の「算木積み」

鐘の丸 地図P.2

　彦根城のいちばん南にある丸が「鐘の丸」です。もともと「鐘突所」が、この丸にあったので鐘の丸の名前があります。ただ、鐘の音が城下町の北の方までとどかなかったため、鐘突所は今の場所に移したようです。

　彦根城をつくりはじめたのは、1604年（慶長9年）の7月1日のこと。この年の暮には早くも鐘の丸が完成し、佐和山城にいた若い殿様（藩主）井伊直継は、鐘の丸の「御広間」という建物に引っ越しをしました。この建物は、江戸時代の中ごろになって、江戸の彦根藩の屋敷まで分解して運ばれたため、残っていません。写真の模型の御守殿は、その後、2代将軍徳川秀忠の子である和子が、京都の後水尾天皇のところへお嫁入するとき、泊まる建物として準備されました。この建物も、明治の初めに大津へ移されたため残っておらず、今の鐘の丸には大きな井戸が1つ残っているばかりです。

　鐘の丸は、表門口と大手口の両方を見下ろすことができる丸であり、どちらの入口から敵が攻めてきても攻撃しやすい位置にあります。そのため、鐘の丸をつくった早川弥惣左衛門は天下一だと自慢しています。

▲鐘の丸の模型

太鼓丸

　天秤櫓から太鼓門櫓までの坂道をまとめて「太鼓丸」と呼びました。途中には鐘突所があります。天守のある本丸を目の前にひかえた重要な丸で、そのために天秤櫓の外には大堀切がつくられていました。

▲太鼓丸の模型

▲鐘の丸から見た天秤櫓

天秤櫓（重要文化財） 地図P.2

　大堀切から見上げると、高くそびえるように建てられているのが「天秤櫓」です。天秤櫓は平面が「コ」の字形をしており、まん中に橋のかかる門があり、両端には2階建ての隅櫓があります。まるで両端に荷物をさげた天秤のように見えることから、江戸時代から天秤櫓の名前があります。しかし、よく見ると両端の隅櫓は屋根の向きが同じではありません。また、窓の数も左右でちがうなど、けっして左右対称ではありません。このような形の櫓はほかに例がなく、バランスのとれた美しさとともに、彦根城の重要な位置に建てられた櫓としての力強さを感じることができます。

　櫓の中は、大堀切のある外側の壁を二重にしていますが、鉄砲の狭間はわずかしかありません。長浜城の大手門を分解して、ここに建てなおしたと伝えています。

▲天秤櫓の内部（右が大堀切のある外側）

鐘突所　地図 P.2

　太鼓丸の坂道を登っていくと、左側の一段高くなったところに、今は時報鐘と呼んでいる「鐘突所」があります。今でも朝6時から夕方6時まで3時間おきに鐘が鳴り、私たちにはみじかな鐘の音です。「日本の音風景100選」にも選ばれています。現在の鐘は、江戸時代の終わりに近い1844年（弘化元年）になって、井伊直弼の兄である直亮が注文して、愛知郡長村（現在の東近江市長町）の鋳物師である黄地新左衛門たち5人によってつくられました。

▲鐘突所

Q どうしてつくった人たちの名前がわかったのですか

A つりさげられている鐘の内側に、つくった人たちの住所と名前がきざまれているのです。今でも見ることができますが、見るときはお城の職員の方にお願いしてから見るようにしてくださいね。

▲鐘の内側にきざまれた鋳物師の住所や名前

▲太鼓門櫓の外側

太鼓門櫓（重要文化財） 地図 P.2

　ここまで来ると、少し天守の屋根が見えてきましたね。「太鼓門櫓」は、天守のある本丸の表側を守る重要な櫓です。太鼓門櫓は、彦根城をつくる前に、彦根山にあった、彦根寺の門を移したものと考えられてきました。

　彦根寺は観音さまの寺として広く知られていました。みなさんは巡礼街道を知っていますか。巡礼街道は、京都の人たちが、彦根寺の観音さまにお参りするための道でした。お参りした人たちは、「納札」を寺の門などの建物に打ち付ける習慣がありました。太鼓門櫓には門の柱に古い釘あとがたくさん残っており、その釘あとを納札を打ち付けたあとと考えて、彦根寺の門を移したとする説が生まれ、信じられてきました。

　ところが、この説は1956年から1957年（昭和31年〜32年）にかけて行われた太鼓門櫓の修理によって否定されました。修理といっしょに行われた調査の結果、移す前の建物も城の門であることがはっきりしたのです。しかも、前の門は今より大きく、それを小さくして今の門にしていることもわかりました。ただ、どこの城の門だったのかは、今も謎のままです。

▲太鼓門櫓の内側

本丸 　地図P.3

「本丸」は、彦根山のもっとも高いところにつくられた丸です。今では、奥まったところに天守がある以外に建物はなく、ひろびろとした空地になっていますが、かつては天守の前に「御広間」という大きな建物があり、その東に「御宝蔵」、さらに東の端には一段高く「着見櫓」がありました。模型の写真を見ると、これらの建物が本丸を埋めるように建っていたことがわかります。

▲本丸の模型

「御広間」は、若い殿様（藩主）井伊直継がいた御殿で、台所や、おつかえする侍女たちがいた長局などもありました。今でも、これらの建物の跡を見ることができます。1604年（慶長9年）の暮に、佐和山城から彦根城の鐘の丸の御広間に移った直継でしたが、その後、天守の完成と前後して本丸の御広間が完成すると、直継はこちらの御広間に移りました。

「御宝蔵」は、文字どおり大切な宝物を入れる蔵、そして「着見櫓」は、江戸から彦根に帰ってくる殿様（藩主）の到着を見る2階建ての建物でした。着見櫓からは、中山道につながる彦根道（切通し道）や松原内湖・琵琶湖などがよく見えました。

▲天守の前に残る「御広間」の跡

▲本丸の下をめぐる高石垣

　本丸のまわりは、櫓や塀がとりかこみ、その下には高い石垣がめぐっていました。櫓や塀はなくなりましたが、高石垣は今でもよく残っています。

　本丸をめぐるこれらの高石垣は、その多くが彦根城がつくられた400年前の石垣のままです。しかも石垣の積み方がもっとも古い形であり、自然の石をほとんど加工せずにそのまま積み上げています。

▲着見櫓の下の高石垣
（自然の石をほとんど加工せずにそのまま積み上げています）

天守（国宝） 地図 P.3

▲彦根城の天守

　彦根城の「天守」は、「天守台」と呼ばれる石垣の上につくられた3階建ての建物で、横に「付櫓」と「多聞櫓」がくっついています。全国にたくさんあった天守は、大きく「望楼型」と「層塔型」に分けられますが、彦根城は「望楼型」で、1層目の入母屋の大きな屋根の上に2層目と3層目の建物がのっています。ただ、「望楼型」によくみられる通し柱がなく、階ごとに柱を組み上げています。そのため各階の柱の場所が自由になり、屋根を1階から3階へ決まった割合で小さくしようとしており、「望楼型」から「層塔型」へ発展するさきがけになった天守として注目されています。

　彦根城天守のもう1つの特徴は、建物の外側をはなやかに飾っている点です。各層に「切妻破風」「入母屋破風」「唐破風」「千鳥破風」など、「破風」という飾り屋根を、バランスを考えながらたくさんつけています。破風をつけたので、天守の中に「かくし部屋」と呼ばれる小さな部屋ができることにもなりました。また、2階と3階の窓は「花頭窓」となっています。さらに、3階には「高欄付廻縁」を置いています。高欄付廻縁は2階の破風にじゃまされて連続していませんが、それでも置くことで、天守の威厳を示していたと考えられます。このように

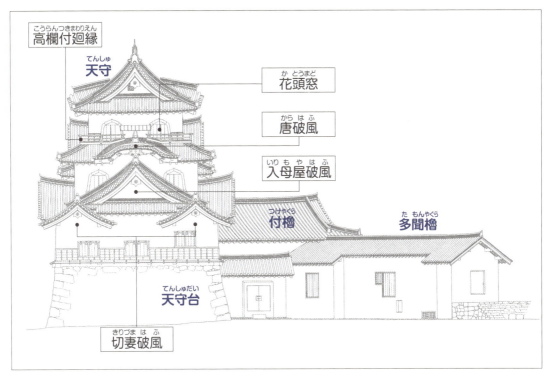

彦根城の天守は、破風や窓そして廻縁などをもちいて、変化のあるはなやかに飾った天守であることが、大きな特徴といえるでしょう。

　天守の建物の中は、中央に2部屋（身舎）をもうけ、周囲に廊下（入側）がめぐっています。中央の2部屋には長押と鴨居、敷居が回るなど書院造りの建物です。
　周囲の廊下は、外側に鉄砲と矢の隠狭間がもうけられています。隠狭間は、外壁を塗って外から狭間を見えなくしたものです。これまで敵を不意打ちするためなどと説明されてきましたが、はなやかに飾られた天守の外側から、狭間の穴が見えるのを好まなかったのではないかと考えられています。

▲天守1階の部屋（身舎）

▲鉄砲の隠狭間

▲矢の隠狭間

彦根城を探検しよう！ 19

彦根城の天守については、『井伊年譜』という江戸時代の記録に、「京極高次が城主であった大津城（滋賀県大津市）の天守を、徳川家康の命令で彦根城に移して、彦根の大工の棟梁であった浜野喜兵衛がかっこうよくしなおして建てた」とあります。また、1957年から1960年（昭和32年〜35年）に行われた天守の修理では、修理といっしょに行われた調査によって、もとの建物が5階建ての図のような天守であることがわかりました。『井伊年譜』に書かれていたように、大津城の天守だった可能性があります。

　また修理では、墨で字が書かれた材木がみつかりました。そこには、天守の2階が1606年（慶長11年）5月22日ころ、3階がおよそ10日後の6月2日ころに組み上がったことが書かれていました。このことから、天守が完成したのは、この年の末から翌年のはじめころと考えられます。

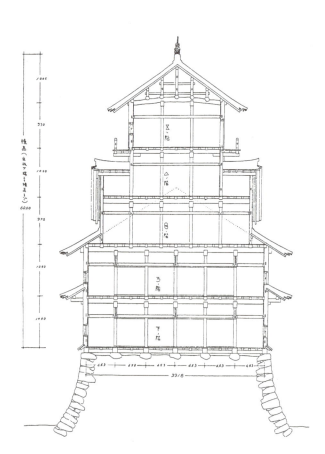

▲天守の材木の中には、ほぞ穴を埋め木したものがあります。もとの天守の材木が利用されているのでしょう

▲昭和の修理でわかった彦根城天守のもとのすがた

天守台の石垣は、自然の石をほとんど加工せずにそのまま積み上げていた本丸のまわりの石垣とくらべると、石を割るための「矢穴」の跡がついた石が多く用いられています。ただ、その積み方は、天秤櫓の下で見た石垣と同じように、すき間に小さな石をつめた「牛蒡積み」であり、彦根城がつくられた400年前の石垣と考えられます。尾張（現在の愛知県）の石工が積んだ石垣だという記録が残っています。

▲天守台の石垣

お城豆知識

Q 矢穴って何ですか

A 下の写真の石を見てください。天守台の石垣の石ですが、大きな歯型のようなものが並んでいますね。石を割るとき、割る方向に歯型のような穴をたくさんほり、鉄の矢を穴に入れ、矢をたたいて割るのです。そうすると、写真の石のように割れ口に矢穴の跡が残ります。

▲矢穴の跡がある天守台の石

▲矢穴に鉄の矢を入れて石を割るようす

井戸曲輪　地図P.3

　西の丸へ行く前に、黒門の方へ少し下りてみましょう。本丸の高石垣のすぐ下に、小さな平地があります。黒門からの敵の侵入にそなえた「井戸曲輪」です。この曲輪の東端近くには四角と丸の井戸があり、上から水路を流れてきた雨水は、ここで濾過して溜めるように工夫されています。隅には小さな塩櫓もありました。城にたてこもって戦う籠城戦ともなれば、天守の近くで水と塩を確保することは、とても大切なことでした。

　なお、この井戸曲輪の下の石垣は19.4メートルあり、彦根城でいちばん高い石垣です。

▲井戸曲輪の全体

お城豆知識

Q 彦根城の石垣には、いろんな積み方があるようですが、どうしてですか

Ⓐ 彦根城は、すべての石垣を細かく調査しています。その結果、石垣は8種類の積み方があることがわかりました。その原因は2つ考えられます。1つは、400年前の彦根城づくりが、徳川幕府によって行われ、各地の大名がたくさん手伝いにやってきている点です。石垣づくりをまかされた大名たちは、自分の国の石工を連れてきて、その技術で石垣をつくりますから、その違いが石垣にあらわれます。本丸のまわりの石垣と、天守台の石垣の違いなどがそうです。

　もう1つの原因は、石垣をつくった時期の違いです。城の完成後、250年あまり平和な時代が続くことになりますが、この間も石垣の修理は続けられました。徳川幕府の許可をもらって行った石垣の修理だけでも28回あります。250年あまりの間に、石垣をつくる技術は大きく変化してゆきました。ですから、石垣を修理した時期の違いが、積み方の違いになったと考えられます。天秤櫓の下の石垣が左右で違っていたのは、このためでした。

　つまり、石工の違いや時期の違いによって、彦根城の石垣には積み方の違いが見られるということですね。

▲彦根城でいちばん高い井戸曲輪下の石垣

西の丸 地図 P.3

　本丸の北に、1段低く伸びる大きな丸が「西の丸」です。江戸時代には、書類などを入れる文庫蔵が9棟建っていました。今でも北の方には文庫蔵の建物の礎石がよく残っています。そして、西の隅に建っているのが、3階建の三重櫓です。三重櫓の北は、出曲輪との間に深い大堀切がつくられています。大堀切から見上げる三重櫓は絶壁のようにそそりたっており、裏手から侵入する敵にそなえた守りの中心でした。

▲大堀切から見上げた三重櫓

▲文庫蔵の建物の礎石

▲西の丸の模型（右側が本丸方面）

西の丸三重櫓（重要文化財） 地図P.3

「西の丸三重櫓」には、北東側と南東側にそれぞれ平屋の続櫓を「く」の字に付けています。三重櫓は、天守のように破風などで飾ることはありませんが、敵が攻めてくる大堀切側の壁を二重にして鉄砲狭間をもうけるなど、守りを固めています。

この櫓は、浅井長政の城であった小谷城の天守を移したとの伝えもありましたが、1960年から1961年（昭和35年～36年）に行われた修理では、そのような跡は確認されませんでした。また、材木の8割近くが、今から160年ほど前の江戸時代の終わりころに行われた修理でとりかえられていることがわかりました。

なお、『井伊年譜』という江戸時代の記録を見ると、城が完成してまもないころ、この三重櫓は家老（重要な家来）の木俣守勝にあずけられていました。そのころ山崎曲輪に屋敷があった守勝は、毎月20日ほどこの櫓に出勤したようです。

▲西の丸側からみた三重櫓

▲出曲輪側からみた三重櫓

▲三重櫓1階の大堀切側（二重壁や鉄砲狭間がある）

Q 江戸時代になってまもなく平和になると、天守や櫓はどのように使われたのですか

A 城は戦争のために生まれ、戦争によって発達しました。ですから平和な時代になると必要がなくなりました。そこで天守には歴代の殿様（藩主）の甲冑が置かれ、各櫓には彦根藩で使用するいろんな道具などが置かれていました。

長く続いた平和な時代、彦根城は、今と同じように遠くから見上げるシンボルになったと言えるでしょう。

▲三重櫓3階の屋根組

▲城下町から見上げた三重櫓

出曲輪 地図 P.3

　西の丸との間の深い大堀切をへだてて「出曲輪」がつくられています。西の丸に入る重要な入口を守るために、出っぱってつくられた曲輪という意味で、出曲輪の名前がついたと思われます。このような場所は、一般に「馬出」と呼ばれました。
　現在の出曲輪には建物が残っていませんが、江戸時代には、台形をした隅に「扇子御櫓」、出入口に「御門櫓」などがありました。また、『井伊年譜』という江戸時代の記録には、出曲輪の周囲の石垣は「穴太衆」が積んだと記しています。穴太衆は、大津の坂本に住んだ有名な石工集団で、今でも伝統的な石垣づくりを伝えています。

▲出曲輪の模型

▲現在の出曲輪

山崎曲輪 地図 P.3

「出曲輪」から長い坂道を下って、「観音台」の北にあるのが「山崎曲輪」です。彦根城が完成して間もないころは、ここに家老（重要な家来）の木俣守勝の屋敷がありました。木俣が佐和口門のとなりへ移った後も、この屋敷はしばらく残されていたようで、彦根藩が幕府の命令で駿河（現在の静岡県）の田中藩主酒井忠能をあずかった時には、この屋敷が利用されました。その後、屋敷はなくなり、竹を入れる蔵がたてられました。

山崎曲輪のまわりは、山崎門に橋がかかるほかは櫓や塀で囲まれていましたが、西の隅にあった櫓は3階建ての高い櫓でした。

お城豆知識

Q 彦根城には3階建ての建物がいくつあったのですか

A まず、天守が3階建てでした。西の丸の三重櫓も3階建てでしたね。だから山崎曲輪の3階櫓を加えると3棟あったということになります。ただ、山崎曲輪の3階櫓は、残念ながら明治時代のはじめにこわされましたから、現在まで残っているのは2棟です。

▲山崎曲輪の模型

▲現在の山崎門。上の櫓がなくなって門だけ残っています

◀山崎曲輪を写した古い写真（左隅に3階櫓、右に山崎門が写っています）

城米蔵 地図 P.2

　「山崎曲輪」から山すそを歩いて、「城米蔵」のあったところまで行ってみましょう。梅の木をたくさん植えた梅林が見えてきました。彦根城が完成して間もないころは、この梅林のところに家老（重要な家来）の一人であった鈴木主馬の屋敷がありました。その後、一時、竹蔵になったこともありましたが、間もなく城米蔵として整備されました。17棟あった城米蔵には、幕府からあずかった米5万俵が入っていました。江戸時代の内堀は松原内湖をへて琵琶湖に直接つながっていましたので、琵琶湖を舟で運ばれてきた城米は、そのまま内堀を通って「埋門」から米の出し入れが行われました。

　幕府からあずかった米5万俵は、もともと戦争に備えてあずかったものでしたが、戦争がなくなって平和になると5万俵は彦根藩のものとなり、彦根藩のために有効に使われました。

▲城米蔵の模型

▲現在の埋門（まるで塀の下に門が埋もれているように見えることから埋門といいます）

お城豆知識

Q 山すそを歩いていて気がついたのですが、山すそが削られているのはなぜですか

A いいところに気がつきましたね。彦根山の山すそが、ほとんどのところで2メートルから5メートルくらいの高さで、まっすぐに削られています。登ろうと思っても、そう簡単には登ることができません。「切岸」といって、これもお城の工夫の1つです。

▲山すそを削った「切岸」

彦根城の堀

　「城米蔵」からそのまま大手門を通って、内堀と中堀沿いを歩いてみましょう。
　ここで、彦根城の堀について、まとめてお話をすることにしましょう。彦根城には、内堀・中堀・外堀という3つの堀が、城のまわりを3重にめぐっていました。いずれの堀も松原内湖をへて琵琶湖に通じる「水堀」でした。ところが、琵琶湖沿岸のひんぱんな水害をなくすために、1902年から1905年（明治35年～38年）にかけて、琵琶湖から流れ出るただ1つの川である瀬田川の川底を下げる工事が行われ、琵琶湖の水位は1メートル以上も下がりました。現在の堀は、やむなく堀を仕切り、港湾の水を入れて江戸時代の水位にしています。
　一方で、よどんだ堀がマラリアの発生源となり、第二次世界大戦後のマラリア対策によって外堀を埋め立てました。現在、「昭和新道」と呼んでいる道路が、昔の外堀跡です。

▲1958年（昭和33年）に上田道三が描いた江戸時代の彦根城
（彦根市教育委員会文化財部文化財課蔵／内堀・中堀・外堀が3重にめぐっていたようすがわかります）

土居と石垣

みなさんは「土」偏に「成」と書いて、何と読みますか。「しろ」と読みますね。つまり、もともと「城」は土で成っていた、つくられていたのです。石垣を本格的に使うようになるのは、長い城の歴史の中では、いちばんあとの短い期間のことでした。

石垣を多く用いている彦根城にも、一部に土で成った時代の伝統を残しているものがあります。内堀と中堀を歩いていて、気がつきましたか。お堀の城側に注目してください。

まず、内堀から見ていくことにしましょう。大手門と表門の間は、どうでしょう。上と下は石垣ですが、まん中が土です。土のところは、土がくずれないように土を少しずつ入れて固めています。このような土手を「土居」と呼びました。石垣は上の石垣を「鉢巻石垣」、下の石垣を「腰巻石垣」と呼んでいます。次に、大手門から山崎門までと、表門から黒門までは、どうでしょう。下が腰巻石垣、上は土居になっています。では、残る山崎門から黒門までは、どうなっていますか。松原内湖につづくこのあたりは石垣を高く積んでいます。敵が松原内湖から船でやってくる可能性を考えると、土居ではなく高石垣の方が守りが固いと思います。

では、中堀はどうでしょうか。中堀はすべて高石垣になっています。

▲内堀の土居と鉢巻石垣（上）・腰巻石垣（下）（大手門～表門）

▲内堀の土居と腰巻石垣（大手門～山崎門・表門～黒門）

▲高石垣（山崎門〜黒門／中堀）

 Q 彦根城の石垣の長さは、どれくらいあるのですか
A 外堀は石垣がどれほどあったのかはっきりわからないので、「特別史跡」になっている中堀より内側のすべての石垣の長さを合計すると、およそ15.6キロメートルです。

Q 彦根城の石垣の面積は、どれくらいになりますか
A 彦根城には、低い石垣から高石垣までいろいろありますが、「特別史跡」内にある石垣の面積を合計すると、およそ5万8000平方メートル。甲子園球場の総面積の約1.5倍です。

Q 彦根城の石垣には、たくさんの石が使われていますが、これらの石は、どこから運んできたのですか
A 江戸時代の記録を見ると、大津城や長浜城から運んできたと書かれています。ただ、それは、石垣の全体からみるとわずかでした。江戸時代の記録には、彦根城の石垣として「荒神石」の名前もでてきます。荒神石は、彦根市南部の琵琶湖の近くにある荒神山から切り出した「湖東流紋岩」のことです。昭和40年代（1970年前後）まで、実際に石を切り出していました。彦根城の石垣には、この荒神石がたくさん使われました。

荒神山で切り出して琵琶湖側へ落とされた石は、三津屋浜（現在の三津屋町）にあった石上げ場で加工され、船に積まれて琵琶湖から松原内湖、さらに堀を通って城内で陸揚げされていました。

▲荒神山の「荒神石」。石を割るための矢穴が残っています

石垣の修理

　現在、彦根城の石垣は、すべての石垣を647の台帳にして管理しています。台帳は、石垣の1面ごとに整理され、石垣や石の特徴、いたみ具合などが記入されています。ちょうど、お医者さんのカルテのようなものです。この台帳にもとづいて、石垣の修理を計画的に行っています。

　石垣の修理は、石垣が築かれた江戸時代の技術を調査するよい機会であり、調査によって明らかになった江戸時代の技術を尊重して修理を行います。これまでの修理によって明らかになった、江戸時代の石垣の技術を紹介することにしましょう。

▲江戸時代の石の積みかたを尊重し、石に1つずつ番号をつけて石をはずします。修理後は、ふたたび番号どおりに石をもどします

▲堀の底のように地盤がやわらかい所では、「胴木」と呼ばれる木を組んだ上に石を積んでいました

▲石垣の裏側には、裏込石と呼ばれる小石がつめられていました。雨水が裏込石の間をぬけることで、石垣そのものをくずさないようにする工夫です。裏込石をつめる幅は、石垣が高くなるほど広くしています

彦根城の築城

　彦根城を、ていねいに探検してきました。ふつうに城の見学をすると、天守や櫓などの建物を中心に見学しがちです。今回はどうでしたか。建物のほかにも、いろんな発見がありましたね。石垣やお堀はもちろんですが、日ごろは、ほとんど気にとめなかった城の入口にも工夫がありました。「登り石垣」「大堀切」「土居」「切岸」などは、はじめて知った言葉ではなかったでしょうか。いずれも、長くつづいた戦国時代の中で考え出された、城を守るための工夫です。天守や櫓などの建物以外に、こうした工夫がたくさん残っているのも彦根城の特徴の1つです。

　では、このような特徴をもつ彦根城は、だれが、いつ、どのようにして、つくり上げたものなのでしょう。ここで、まとめて勉強したいと思います。探検で見てきた、いろいろなものを思い出しながら読み進めてください。

▲空から見た現在の彦根城

「境目の城」佐和山城

　彦根城の東、およそ2キロメートルのところに佐和山があります。この佐和山には、古くから城がつくられました。戦国時代になり、湖北の京極氏と湖南の六角氏が対立すると、佐和山城は両者の「境目の城」として取り合いをくり返しました。やがて湖北では京極氏にかわって浅井氏が勢力を広げますが、佐和山城を境とする取り合いは変わりませんでした。

　織田信長・豊臣秀吉の時代をむかえても、佐和山城は近江（現在の滋賀県）の重要な城でした。信長は、佐和山城に重要な家来であった丹羽長秀を入れ、安土城が完成するまでのあいだ、佐和山城が安土城のかわりをしました。秀吉も、堀秀政、堀尾吉春、そして石田三成を佐和山城主としており、佐和山城を重要な城と考えました。

　こうした中で佐和山城はしだいに整備が進み、山の上に本丸・二の丸・三の丸・太鼓丸・法華丸がつらなり、山のふもとは、東山道（江戸時代の中山道）が通る鳥居本側に大手門や2重の堀がめぐり、侍屋敷や足軽屋敷、町屋などが広がって城下町がつくられました。また、彦根側や松原側にも、新たに堀がつくられ、城下町が広がっていたことがわかってきました。

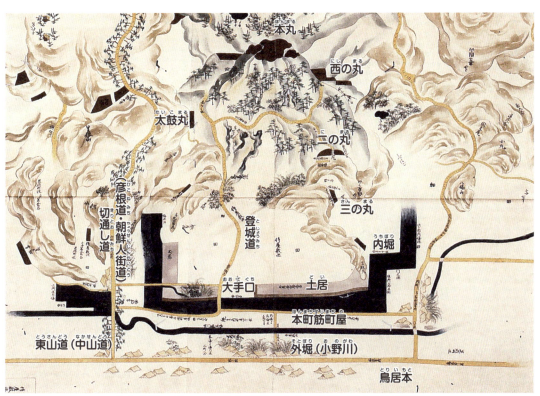

▲江戸時代に描かれた佐和山城の地図の部分（彦根城博物館蔵）

佐和山城から彦根城へ

　1600年（慶長5年）、「天下分け目」といわれた関ヶ原の戦いから2日後、佐和山城は関ヶ原で勝った徳川家康軍に囲まれました。城主石田三成は敗れて湖北へ逃げており、このとき佐和山城には、三成の父正継や兄の正澄らが守っていました。佐和山城の守りは固かったようですが、兵力の違いは何ともしがたく、佐和山城は落城しました。

　関ヶ原の戦い後、佐和山城を与えられたのは、家康の重要な家来であった井伊直政でした。1601年（慶長6年）1月、直政は高崎城（現在の群馬県高崎市）より佐和山城に入りました。ところが直政は、関ヶ原の戦いで受けた鉄砲の傷が悪化して、この世を去ってしまいます。

　直政のあとをついだ直継は、まだ13歳でした。そのため、直継をささえたのが家来の木俣守勝でした。守勝は城を移す計画を家康に相談します。彦根山・磯山（米原市）、そして佐和山にそのままとどまるという3つの案を家康と相談し、彦根山へ移ることが決定しました。

▲佐和山城の大手門跡から山頂の本丸をのぞむ

お城豆知識

Q なぜ、城を移そうと考えたのですか

A このころになると城下町が発達したことが関係して、城を佐和山城のように高い山の上につくる「山城」より、彦根城のような低い山につくる「平山城」や、平地につくる「平城」のほうが好まれるようになったことが考えられます。

　また、領地の多い石田三成（19万4000石）や井伊直政（18万石）が佐和山城に入ると、家来も町人も多くなるため、城下町が狭くなりました。石田三成や井伊直政の時代には、城下町が正面の鳥居本側だけではなく、彦根側（彦根駅の東口側）や松原側にまで広がっていました。

　つまり城下町が3つに分かれており、それらをつなぐために佐和山に「切通し道」をつくったり、松原内湖に「百間橋」をかけたりしましたが、城下町のまとまりという意味ではたいへん不便でした。広くまとまった城下町をつくるためには、彦根城がもっとも適していたと考えられます。

▲江戸時代に描かれた佐和山城の地図（彦根城博物館蔵／城下町が3つに分かれて描かれています）

彦根城の築城工事

　1604年（慶長9年）7月1日、彦根山において新たな築城工事がはじまりました。彦根城の築城は、およそ20年かかりました。
　前期工事は、本丸や鐘の丸など城の中心部分に力がそそがれました。幕府から6人の「奉行」が来て工事を監督し、幕府の命令で近くの大名たちも応援にやってきました。彦根城築城の前期工事は、徳川幕府によって行われた「天下普請」だったのです。

お城豆知識

Q 彦根城築城の前期工事は、なぜ「天下普請」だったのですか
A 大坂城には豊臣秀吉の子秀頼がおり、西日本の大名の中には秀吉に「恩」を感じている大名たちがいました。江戸に幕府を開いた徳川家康にとって、彦根城はそれらの勢力に対するおさえの城として、完成を急ぐ必要があったのです。

▲天下普請でつくられた彦根城の中心部分（模型）

　豊臣勢力を滅ぼすために1614年（慶長19年）に大坂冬の陣、翌年には夏の陣がおこりました。そのため、彦根城の築城工事は中断しました。大坂の陣に出陣して活躍するのは、体の弱い直継にかわった弟の直孝でした。大坂の陣のあと、この直孝によって彦根城の後期工事が再開されました。後期工事は彦根藩だけで行われ、城と城下町の全体がほぼ完成しました。
　城下町の工事では、これまで松原内湖に流れ込んでいた芹川（善利川）の本流を、琵琶湖へまっすぐ流れるようにつけかえました。また、現在の尾末町にあったという尾末山を切りくずし、その土で城下の低い所を埋め立てたとも伝えています。

彦根藩の御殿

「城」から「御殿」へ

　およそ20年かけてつくられた彦根城でしたが、彦根城では一度も戦争をすることがありませんでした。徳川幕府によって、戦争のない時代がやってきたのです。戦争のない時代は、江戸時代が終わりに近づくまで250年ほどつづきました。
　長い平和の中で、戦争によって発達してきた「城」は本来の役割を失い、遠くから見上げるシンボルとなりました。かわって「御殿」が重要な役割をはたすようになります。

> **お城豆知識**
> **Q 徳川幕府って何ですか**
> A 江戸時代は、日本全体をおさめる「徳川幕府」と、幕府にしたがう日本各地の「藩」がありました。徳川幕府は、江戸時代をつうじて徳川家が将軍として日本をおさめたので、そのように呼びます。江戸に幕府があったので「江戸幕府」とも言いました。彦根とその周辺は「彦根藩」という「藩」があり、江戸時代を通じて井伊家がおさめていました。

彦根藩の3つの御殿

　江戸時代、彦根には3つの御殿がありました。彦根藩の政治を行うとともに井伊家の殿様（藩主）が生活した「表御殿」（彦根城博物館として復元）、隠居した殿様や家族が住んだ「槻御殿」（現在の玄宮園と楽々園）、彦根の郊外の松原につくられた庭が中心の「お浜御殿」です。

▲模型でみる「表御殿」と「槻御殿」

表御殿

▲博物館として復元された「表御殿」

　表門口を入って右に折れると、彦根城博物館が見えてきます。この博物館は、江戸時代にこの場所にあった「表御殿」を復元したものです。外から見ると江戸時代の表御殿のようですが、建物の中は博物館になっていて、江戸時代に殿様（藩主）たちが使った道具などが展示されています。

　下の図を見てください。江戸時代に描かれた表御殿の平面図です。よく見ると建物が色分けされています。赤色の文字の部分が表御殿の「**表向き**」の建物、青色の文字の部分が「**奥向き**」の建物です。表向きは、おもに彦根藩の政治を行うところです。奥向きは殿様が生活をしたところです。もう少し、くわしく見ていきましょう。

　まず「**表向き**」の建物から見ていくことにしましょう。玄関を入って右へ進むと、**御広間**と**御書院**の大きな書院造りの建物があります。御広間は、幕府の将軍や将軍の使いの者をもてなす建物で、5部屋からなり畳の数は286枚もありました。御書院は殿様（藩主）と家来（家臣）があいさつを交わす建物で、6部屋ありました。そして、御広間と御書院の間にあるのが**能舞台**です。

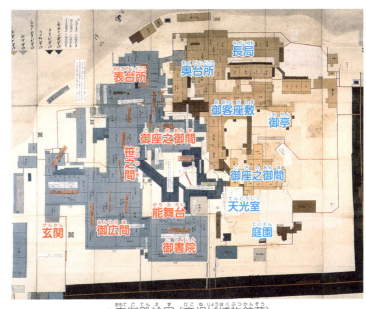

▲表御殿絵図（彦根城博物館蔵）

▲1800年に建てられた能舞台

▲能舞台の下から出土した漆喰の共鳴装置

▲現在の演能風景

能舞台は能をもよおす専用の建物で、今から200年ほど前の1800年（寛政12年）に建てられました。能がもよおされるときは、御広間と御書院が能を見る「見所」になりました。発掘調査では、能舞台の下から漆喰でつくった大きな箱が見つかりました。能の役者が、床をトンとけった時の音をよくひびかせるための共鳴装置です。

能舞台の奥には表御座之間の建物がありました。殿様（藩主）が藩の政治を行う所です。能舞台の左にある笹之間は、家老など重要な家来（重臣）が、ここにつめて藩の政治を行いました。彦根藩の重要なことは、笹之間と表御座之間あたりで相談して決められたと言ってよいでしょう。そして、いちばん奥に表台所がありました。ここで表向きで仕事をする人たちの食事が準備されました。

青色の文字の部分の「奥向き」は殿様が生活をしたところです。御座之御間の建物は、殿様の居間でした。居間からは庭園をながめることができました。庭園は、発掘調査や絵図などをもとに復元されています。庭園の中央につくられた池の水は、現在の城東小学校近くの水源から、江戸時代の水道の技術によって送られてきたもので、滝の石組みから落とされ、谷川を流れて池に入るように工夫されています。表向きで政治の相談につかれた殿様は、庭園をながめながら、くつろいだ一時をすごしたことでしょう。

御座之御間の建物には天光室という茶室がもうけられていました。井伊直弼が好んで使った茶室です。直弼は、この天光室を用いて、自分が主催する茶会を何回ももよおしています。招かれた客は、家来（家臣）や彦根のお寺の住職たちでした。

▲復元された庭園

御座之御間の奥には、高い廊下を渡って2階建ての御亭や御客座敷の建物があり、その奥には、「御殿女中」と呼ばれた女性たちが活躍する長局や奥台所の建物が広がっていました。長局は御殿女中の上級の女性たちに与えられた細長い部屋で、数棟が棟を並べていました。奥台所では、奥向きで仕事をする人たちの食事が準備されました。

▲復元された茶室「天光室」

このように表御殿では、「表向き」で彦根藩の政治を行い、「奥向き」で殿様が日々の生活を送ったわけですが、表御殿を彦根城博物館として復元するために、下の写真のように表御殿の全体を発掘調査しました。調査の結果、表御殿の跡がたいへんよく残っていることがわかったので、発掘調査の結果も活かしながら表御殿を復元することになりました。

▲発掘調査で明らかになった表御殿の跡

槻御殿（玄宮楽々園／名勝）　地図 P.3

　表御殿の北、内堀をへだてて「槻御殿」があります。現在は、建物部分を「楽々園」、庭園部分を「玄宮園」と呼び分けています。1677年から1679年（延宝５年～７年）に、井伊直興によってつくられた御殿です。

楽々園

　下の図は、江戸時代に描かれた「楽々園」の平面図です。建物が表御殿の図と同じように色分けされています。赤色の文字の部分が「表向き」、青色の文字の部分が「奥向き」ですが、表御殿とちがって表向きよりも奥向きのほうが大きく広がっています。槻御殿では、政治を行う表向きよりも、隠居した殿様（藩主）や家族が生活する奥向きの建物のほうが必要だったのでしょう。井伊直弼は、父直中の14番目の男の子として、この槻御殿で生まれ、父が亡くなって埋木舎に移る17歳まで下の図の青丸の部屋で生活していました。

　現在、楽々園として残っている建物は、下の図の10分の１ほどしかありません。道路に面した表向きの玄関が奥向きの奥書院の前に移築されてつながり、奥書院のさらに奥にある茶座敷（地震の間）から楽々の間の建物が残っているばかりです。奥書院は、直中が隠居をした翌年の1813年（文化10年）５月に建てられた書院です。この書院の新築にあわせて、書院の前に庭園が築かれました。庭園をきづくまで、このあたりは玄宮園の池尻で蓮池が広がっていましたが、玄宮園から分離して図のような庭園として独立させたのです。現在は砂地のところも、当時は石組みから水がとうとうと落ちる池でした。

　岩の上に建てられた地震の間は、床下や天井裏に耐震の工夫があるため地震の間と呼んでいますが、もともとは茶の湯で使う茶座敷でした。楽々の間は、楽々園の名のもとになった煎茶の茶室です。直弼の兄である直亮によって建てられました。

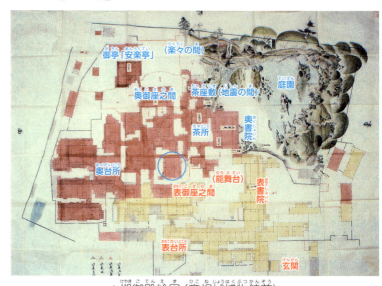

▲槻御殿絵図（彦根城博物館蔵）

▲奥書院の前の庭園の石組み

▲「茶座敷(地震の間)」

▲煎茶の茶室「楽々の間」

　楽々園は、2005年度(平成17年度)から建物の修理と発掘調査を行っています。奥書院は3年をかけて解体修理を行い、江戸時代の姿がよみがえりました。また、これまで行ってきた発掘調査では、能舞台下の共鳴装置など貴重な発見があいつぎました。能舞台下の共鳴装置は、表御殿と構造は同じでしたが、表御殿のような漆喰ではなく、山土を固めたものでした。表御殿の能舞台は1800年(寛政12年)、槻御殿の能舞台は1814年(文化11年)に、どちらも直中が建てたものです。なぜ漆喰から山土に変えたのでしょう。

▲解体修理でよみがえった「奥書院」

▲発掘調査で出土した、能舞台下の山土の共鳴装置

玄宮園 地図 P.3

　楽々園のとなりにつくられた広大な庭園が「玄宮園」です。江戸時代になると各地で大名が庭園をつくりましたが、玄宮園はそれらの大名庭園の代表的な1つと言えるでしょう。玄宮園の名は、中国の宮廷につくられた庭園を「玄宮」といったことから名づけられたと考えられています。江戸時代に描かれた「玄宮園図」（下の図）を見ると、「臨池閣」「鳳翔台」「魚躍沼」「龍臥橋」「鶴鳴渚」「春風埒」「鑑月峯」「薩埵林」「飛梁渓」「涵虚亭」の十景が見どころとして示されており、当時は「玄宮園十勝」と呼んでいたようです。

　玄宮園は、広大な池である「魚躍沼」を中心に、入江にかかる「龍臥橋」など9つの橋や園路などを歩きながら、変化に富んだ景色を楽しむ回遊式庭園となっています。池の水は、表御殿の庭園と同じように、現在の城東小学校の近くの水源から、江戸時代の水道の技術によって送られてきたもので、杜若沼からこんこんとわき出るように工夫されており、杜若沼からあふれた水が谷川のせせらぎとなって「魚躍沼」へ流れ込んでいました。また、「鶴鳴渚」の岩の間からもとうとうと水が落ちるように工夫されていました。

　玄宮園は長い年月をへて、いろんな所が傷んできています。そこで、2009年度（平成21年度）から発掘調査を行って、少しずつ「玄宮園図」に描かれている姿に修理をしています。

▲玄宮園から天守を望む

▲玄宮園図（彦根城博物館蔵）

お浜御殿(松原下屋敷/名勝) 地図P.3

「お浜御殿」は、井伊直中が1810年(文化7年)ころに、琵琶湖に近い松原につくった彦根藩の下屋敷です。建物としては、わずかに玄関、奥座敷、大広間、そして台所などがあるだけで、広大な庭園が広がっています。

庭園は、琵琶湖の水位の変化にともなって池の水位も変化する「汐入式」と呼ばれる池を中心に、池の周囲には浜辺をあしらった「州浜」や、「築山」という人工的につくった小さな山が連なっています。政務につかれた殿様(藩主)が、船をつかってお浜御殿をおとずれ、庭園をながめながら茶の湯を楽しんだり、琵琶湖側につくられた馬場で乗馬に汗を流すなどして、くつろいだひと時をすごしたことでしょう。

▲庭園の全景

▲玄関

▲築山の石組み

彦根城の城下町 －400年前のまちづくり－

　彦根城の城下町は、大規模な土木工事によって計画的につくられた町です。城下町がつくられる以前は、あちこちに藪や沼などの湿地が広がっていました。そのため、現在の安清町あたりから北へ流れていた芹川（善利川）を、まっすぐ琵琶湖へ流れるようにつけかえて、周辺の排水をよくしました。また、現在の尾末町にあった尾末山の土で低いところを埋め立てたとも伝えています。このような大規模な土木工事によって、城下町の計画的な地割ができるようになったのです。

　完成した彦根城の城下町は、3重の堀によって区画されていました。内堀より内側の第一郭は、天守を中心に櫓で囲まれた彦根山と麓の表御殿（現在の彦根城博物館）などがあります。内堀と中堀に囲まれた第二郭は、隠居した殿様（藩主）やその家族の屋敷である槻御殿（現在の玄宮楽々園）のほか、藩校の弘道館、家老など千石以上の重要な家来（重臣）の屋敷が広がっており、「内曲輪」とも言いました。

　中堀と外堀の間の第三郭は「内町」と呼ばれた区域で、武家屋敷と町人の屋敷がありました。武士と町人の両方が住んでいましたが、住む所ははっきりと区分されており、堀に面したところは武家屋敷と寺院があり、町人の屋敷はその内側に広がっていました。

▲江戸時代に描かれた彦根の城下町、御城下惣絵図（彦根城博物館蔵）

広い敷地がある寺院は、武家屋敷とともに城を守るために重要でした。一方、町人の屋敷は、油屋町・魚屋町・桶屋町・職人町など、町名に職業名のついた町が多く見られました。城下町がつくられた時、同じ職業の町人をまとめて住まわせたためと考えられます。

　外堀の外側は、第三郭の内町に対して「外町」と呼ばれるようになりました。町人の屋敷と足軽の組屋敷がありました。また、重要な家来（重臣）の広い下屋敷があったのも外町でした。彦根藩の足軽は、下組（中藪組・池須町組）、善利組・上組（大雲寺組）、北組（切通組）、中組、鐘叩町組で構成されていました。足軽組屋敷は、城下町のもっとも外側に、城下を取り囲むように屋敷を連ねて、彦根城と城下町を守る役割をもっていたようです。

　明治時代以降、生活のあり方が変化するとともに、彦根の城下町も変わっていきました。ただ、戦争の被害をまぬがれたこともあって、城下町の町割りはほぼ江戸時代の姿を残しており、いろんなところに江戸時代の建物が生活の中に生きています。城とともに城下町の姿をよく残しているのも、彦根の大きな特色です。

❶ 藩校弘道館の講堂

❷ 重臣屋敷（旧西郷屋敷）の長屋門

❸ 中級武家屋敷（旧池田屋敷）の長屋門

❹ 旧上魚屋町の町人屋敷

❺ 善利組足軽屋敷のせまい道

保護者のみなさまへ

　この本は、小学生にも読んでいただくことを目的に刊行いたしました。そのため、文章や言葉の表現を、小学生にも理解していただけるように、できる限り平易になるように努力し、ふりがなもつけました。

　ただ、お城には専門的な用語も多くあり、すべてを小学生に理解していただくことは困難かもしれません。もしも、お子さんが、保護者の方に質問をされるようなことがありましたら、ごいっしょに本書をお読みいただいて、ご説明を加えていただきますようにお願いいたします。

　なお、本書は彦根市教育委員会文化財部文化財課と彦根城博物館、国際ソロプチミスト彦根のご協力により刊行いたしました。

　本書を読んでもわからない点は、文化財課や博物館にお尋ねください。

　　　文化財課：TEL.0749-26-5833　　彦根城博物館：TEL.0749-22-6100

彦根城は「世界遺産暫定リスト」に登録され、**世界遺産**をめざしています。

■参考文献
彦根市教育委員会文化財部文化財課編『彦根城』2014
中井均『彦根城を極める』2007、サンライズ出版

すごいぞ！　彦根城

2015年3月20日　初版第1刷発行
2019年2月1日　初版第2刷発行

編集・発行	サンライズ出版
	〒522-0004　滋賀県彦根市鳥居本町655-1
	TEL.0749-22-0627　FAX.0749-23-7720
協力	彦根市教育委員会文化財部文化財課
	彦根城博物館
	彦根観光協会
DTP・デザイン	Qve[design communication]
イラスト	もとむらえり
表紙写真	びわこビジターズビューロー
	彦根市教育委員会文化財部文化財課
本文写真	彦根市教育委員会文化財部文化財課
	彦根城博物館
出版協力	国際ソロプチミスト彦根
印刷・製本	シナノパブリッシングプレス

ISBN978-4-88325-563-4 C8021　©サンライズ出版
無断複写・複製を禁じます。乱丁・落丁本はお取り替えいたします。